Backen ohne Milch und Ei

Von Apfeltörtchen bis Gemüsepizza

> Autorin: Ilka Saager | Fotos: Michael Brauner

Inhalt

Die Theorie

Die Rezepte

Extra

Backen mit Genuss

Kuchen und andere Köstlichkeiten ohne Milch und Ei zu genießen ist für viele Menschen ein Muss. Nahrungsmittelallergien und Neurodermitis lassen häufig die Verwendung von Kuhmilch und Hühnereiern nicht zu. Doch auch ohne diese Zutaten lassen sich schmackhafte und abwechslungsreiche Gerichte kochen. Und mit unserem Ratgeber funktioniert auch das Backen ausgezeichnet. Wir stellen Ihnen tolle Rezepte ohne Milch und Ei vor, geben Ihnen Tipps und Anregungen. Nutzen Sie die feinen Alternativen, denn auch »ohne« macht das Backen Spaß und bringt bekömmlichen Genuss!

Süßes trotz Allergie und Neurodermitis

Die häufigsten Nahrungsmittelallergien richten sich gegen Kuhmilch und Hühnereier, gegen Grundnahrungsmittel also, die in unserer Ernährung täglich vorkommen. Doch man kann diese Nahrungsmittel konsequent meiden: Es gibt Alternativen.

Köstliches ohne Milch und Ei

Backen ohne Eier? Beinahe unvorstellbar. Doch in diesem Ratgeber finden Sie nur eifreie Rezepte und zusätzlich viele Anregungen, wie Gebäck und Kuchen auch ohne Verwendung von Kuhmilch und Eiern gelingen. Und dabei stellen weder Zubereitung noch Einkauf besonderen Aufwand dar. Am Anfang ist vielleicht der Umgang mit neuen Mehlsorten, Bindemitteln und der Verzicht auf frische Früchte etwas ungewohnt. Doch mit wenig Übung gelingt alles. Zusätzlich hilft Ihnen unser Ratgeber mit vielen Tipps und Anregungen.

Backen fängt beim Einkauf an

Viele Zutaten bekommen Sie in einem gut sortierten Supermarkt. Doch für einige Lebensmittel lohnt sich der Gang in den Bioladen oder ins Reformhaus. Das große Plus: Dort berät Sie fachkundiges Personal, das das Sortiment gut kennt und Ihnen zu Warenkunde, Herstellung, Zubereitung und Gesundheitswert der Produkte Auskunft geben kann. Vielfach gibt es dort auch die Möglichkeit, Erfahrungen auszutauschen und sich Tipps und Anregungen für neue Rezepte zu holen. Zudem finden Sie dort Ratgeber-Broschüren zu milch- und glutenfreien Lebensmitteln.

Die Suche nach dem Täter

A und O der Ernährungsumstellung auf allergenarme Kost ist ein umfangreicher Allergietest beim Allergologen. Außerdem gibt es die Möglichkeit, mit Hilfe von Spezialdiäten heraus zu finden, welches Nahrungsmittel für die allergische Reaktion und die Verschlechterung des Hautbildes verantwortlich ist. Bei Neurodermitis, deren Ursache bis heute unbekannt ist, spielen weitere Faktoren wie Psyche, Klima, Stress und Störungen der Abwehrkräfte eine wichtige Rolle für die Entwicklung der Krankheit.

Allergieauslöser Milch

Anlass allergischer Reaktionen ist in vielen Fällen eine Unverträglichkeit von Kuhmilch- oder Hühner-Eiweiß. Auslöser der Kuhmilch-Allergie sind bestimmte Eiweißkörper der Milch, die im Allergietest getrennt durchgecheckt werden. Wenn eine Allergie gegen Casein vorliegt, dann wird auch die Milch von anderen Nutztieren, z. B. Schaf und Ziege, nicht vertragen. In allen anderen Fällen kann man auf Schaf- und Ziegenmilch bzw. deren Produkte ausweichen.

Vorsicht, Milcheiweiß!

Folgende Produkte enthalten Kuhmilcheiweiß:

- Milch und Sauermilchprodukte (Buttermilch, Joghurt, Dickmilch, Kefir, Sauerrahm, Crème fraîche, etc.), Sahne, Crème double, Butter, Streichrahm, Kondensmilch
- Molke, Molkengetränke, Molkenfrischkäse (z. B. Ricotta)
- Käse, Frischkäse
- Schokolade, Pralinen, Nussnougatcreme
- Eiscreme (Milchspeiseeis), Pudding, Milchdesserts
- Backwaren, Sahnetorten, Kuchenfüllungen, Buttercreme
- Margarine (siehe Zutatenliste!), Halbfette
- Wurstwaren
- Fertigprodukte (Suppen, Saucen, Fast food)
- Kosmetika (Cremes, Körperlotionen, Badezusätze)

1 Milch, Sahne, Käse

Diesen Nahrungsmitteln sieht man schon an, dass sie Milch enthalten. Kuhmilchallergiker müssen sie meiden. Oft genügt es schon, auf Ziegen- und Schafmilchprodukte zu wechseln. Ziegen- und Schafmilchkäse gibt es in vielen Sorten.

2 Schokolade, Nugat-Creme, Süßigkeiten

Darin ist Milcheiweiß versteckt! Bei Milchallergie unbedingt meiden und alternatives Naschwerk sowie Brotaufstriche selber zu bereiten.

3 Eiscreme, Milchdesserts, Pudding

Finger weg – auch wenn's schwer fällt. Hier ist ebenfalls Selbermachen mit alternativen Zutaten angesagt. Fruchteis, Sorbets und Fruchtsülzen sind feine Desserts und enthalten keine Milchbestandteile.

4 Fertigprodukte

Studieren Sie bei abgepackten Waren die Zutatenliste (denn auch darin ist oft Milcheiweiß bzw. Milch enthalten). Frei von Milcheiweiß ist roher und gekochter Schinken. Milcheiweißfreie Wurst gibt es im Bioladen und Reformhaus.

Allergien und Unverträglichkeiten

Allergie-Cocktail Hühnerei

Beim Hühnerei ist ein Hauptallergen das hitzeempfindliche Ovalbumin. Wer nur gegen Ovalbumin allergisch reagiert, kann eihaltige Backwaren bedenkenlos essen, rohe Eier und daraus zubereitete Speisen aber nicht. Ein weiteres Hauptallergen ist das hitzestabile Ovomucid. Im Eidotter finden sich ebenfalls Stoffe mit potenziell allergenen Eigenschaften. Auch sie sind hitzebeständig. Wer also gekochte und gebratene Eier oder eihaltige Kuchen nicht verträgt, muss immer an eine Allergie gegen die hitzestabilen Bestandteile des Eiklars und des Eidotters denken.

Die Pseudoallergie

Bei einer Allergie ist das Immunsystem an der Reaktion beteiligt, es erfolgt eine Antigen-Antikörper-Reaktion. Anders bei einer Pseudoallergie: Es kommt lediglich zu einer Histaminausschüttung aus den Mastzellen mit denselben Anzeichen wie bei einer echten Allergie.

Allergie oder Unverträglichkeit

Bei einer Unverträglichkeit dagegen handelt es sich um eine mehr oder weniger schwere Stoffwechselstörung, die sehr spezifisch ist und sich meist nur gegen eine einzelne Substanz richtet. Besonders häufig auftretende Unverträglichkeiten sind z. B. die Milchzuckerunverträglichkeit und die Glutenunverträglichkeit.
Bei einer Milchzuckerunverträglichkeit (Lactoseintoleranz), die nicht mit einer Milchallergie verwechselt werden darf, werden Käse sowie Sauermilchprodukte in kleinen Mengen gut vertragen. Pure Milch und Sahne allerdings lösen Verdauungsbeschwerden aus. Während bei einer echten Milchallergie die Calciumversorgung problematisch werden kann und Calciumgaben notwendig werden können, ist sie bei einer Milchzuckerunverträglichkeit durchaus gesichert, vorausgesetzt, Sie bringen regelmäßig Käse und Sauermilchprodukte auf den Tisch.

Weitere Allergierisiken

Bei Kuhmilch- und Hühnerei-Allergie sowie bei Neurodermitis können noch weitere Nahrungsbestandteile problematisch sein. Häufig werden Hülsenfrüchte und Sojaprodukte nicht vertragen, auch Nüsse und Getreide bergen ein gewisses Allergierisiko. Deshalb solche Backzutaten zuvor immer auf Verträglichkeit prüfen!

Kreuzreaktionen beachten

Besondere Beachtung müssen Sie möglichen Kreuzreaktionen innerhalb botanischer Verwandtschaften schenken (z. B. Mango, Pistazien- und Cashewkerne – alle sind Nierenbaumgewächse; Sellerie, Karotte, Beifuß, Kamille, Sonnenblumenkerne – alle sind Doldenblütengewächse). Gewürze, Kräuter, Gemüse und Obst, die botanisch miteinander verwandt sind, können allergische Reaktionen verursachen – und natürlich auch deren Blütenpollen.

Versteckte Allergene

Leider genügt es nicht, Milch und Hühnereier vom Speiseplan zu streichen, denn gerade diese Grundnahrungsmittel sind in vielen Nahrungsmitteln versteckt, in denen man sie spontan gar nicht erwartet. Wurst enthält beispielsweise oft Milcheiweiß, Nudeln enthalten Eier, zahlreiche Fertig- und Halbfertigprodukte werden unter Zusatz von Milchprodukten und Eiern hergestellt.

Das Geheimnis der Zutaten

Auskunft über die Bestandteile eines Produkts gibt Ihnen die Zutatenliste auf der Verpackung. Doch auch diese ist keine Garantie, zu erfahren welche Zutaten verarbeitet wurden.
Da gibt es nämlich die „25-Prozent-Regel" der Europäischen Union (EU). Sie besagt, dass die Bestandteile von Einzelzutaten nur genannt werden müssen, wenn die Einzelzutat in einer Menge von über 25 Prozent im Produkt enthalten ist. Ist etwa in einer Kuchenfüllung eine milcheiweißhaltige Zutat wie Schokolade enthalten, dann müssen deren Bestandteile nur dann aufgelistet werden, wenn die Schokolade mindestens 25 Prozent vom gesamten Kuchen ausmacht. Oder: In einer Fertigsuppe mit weniger als 25 Prozent Nudeleinlage muss die Zutat »Hühnerei« nicht angegeben werden. Geringe Mengen an gemischten Zutaten verschwinden also komplett in der Deklarierung – und das ist für Allergiker das Fatale an unseren modernen Nahrungsmitteln. Am besten ist es, komplex zusammengesetzten Lebensmitteln und Fertigprodukten aus dem Weg zu gehen, vieles lieber selbst zu kochen und zu backen.

Welche Lebensmittel werden gut vertragen?

Bei Milch- und Ei-Allergie sowie bei Neurodermitis wird dazu geraten, zunächst mit den Nahrungsmitteln auszukommen, die von Haus aus ein niedriges Allergierisiko bergen. Nach und nach werden weitere Lebensmittel hinzugefügt. Für das Backen bedeutet es, Schaf- und Ziegenmilch auf ihre Verträglichkeit zu testen und als Alternativen Reis- und Hafermilch zu probieren. Hühnerei wird komplett weggelassen, als Ersatz zum Binden eignet sich Biobin oder Reismehl. Für die Teiglockerung sorgt Hefe oder Backpulver. Getreidemehle können in manchen Fällen problematisch sein. Probieren Sie als Alternativen zu Weizenmehl auch feines, industriell vermahlenes Dinkelmehl und Kamutmehl. Diese werden teilweise besser vertragen als Weizen: Feines Dinkelmehl eignet sich gut zum Backen von Brot, Brötchen, Pizza und Feingebäck. Es kann solo oder auch gemischt mit einem anderen Mehl verwendet werden. Das feine Kamutmehl kann als Alternative zu Weizenmehl zum Backen und zur Bereitung von Nudeln verwendet werden. Kamutmehl ist gelblich und gibt Backwerk eine schöne hellgelbe Farbe (im Bioladen und Reformhaus).

Gute Alternativen zu Kuhmilch

Ziegen- und Schafmilch sind ein guter Ersatz für Kuhmilch. Sie sind eiweißreich, liefern wertvolle Fettsäuren und Calcium. Sie eignen sich zum Kochen und Backen sowie zur Herstellung von Joghurt und Eis.
Der typische »Ziegengeschmack« der Milch verliert sich beim Backen. Ziegenmilch gibt es im Bioladen und Reformhaus, auch im Supermarkt und sogar als H-Produkt.
Schafmilch ist auf Bio-Märkten bzw. im Bioladen erhältlich.

Reismilch wird durch Wässern der Reiskörner und Ausklopfen der Stärke hergestellt. Deshalb sieht sie milchigweiß aus. Oft wird die Flüssigkeit mit Pflanzenöl und Vanille angereichert, um den Geschmack abzurunden. Sie wird aber auch pur angeboten.
Sie ist im 500 ml-Tetrapack im Bioladen und Reformhaus erhältlich. Angebrochene Packungen kühl aufbewahren und rasch aufbrauchen.
Reismilch eignet sich als Flüssigkeitszusatz beim Backen alternativ zu Milch sowie zur Zubereitung von Pudding.

Hafermilch wird ähnlich wie Reismilch durch Wässern und Klopfen der ganzen Körner gewonnen und ist ebenfalls im Bioladen oder im Reformhaus erhältlich. Sie wird im Tetrapack mit 500 ml bzw. 1 l angeboten. Hafermilch eignet sich wie Reismilch als Flüssigkeitszusatz zu Teigen anstelle von Milch. Angebrochene Packungen kühl aufbewahren und rasch aufbrauchen.

Sojadrink (oft als »Sojamilch« bezeichnet) bietet sich als Alternative zu Kuhmilch an, da er alle essenziellen Aminosäuren enthält und sehr vielseitig verwendbar ist. Er wird allerdings von manchen Kuhmilch- und Eiweißallergikern sowie Neurodermitikern nicht vertragen. Falls doch, dann umso besser!
Sojadrink gibt es im Reformhaus und im gut sortierten Supermarkt. Man erhält ihn auch angereichert mit Calcium.

und Hühnerei

Fette und Öle sind unterschiedlich bekömmlich: Sauerrahmbutter wird oft besser vertragen als Süßrahmbutter. Wenn Sie Butter durch Butterschmalz ersetzen, dann brauchen Sie 15 % weniger Butterschmalz (z.B. statt 100 g Butter nur 85 g Butterschmalz), dafür aber etwa 15 % mehr Flüssigkeit (z.B. statt 50 ml rund 60 ml). Außerdem gut geeignet ist reine Pflanzenmargarine. Auch andere Pflanzenfette und -öle können problemlos verwendet werden.

Sauermilchprodukte aus Kuhmilch wie Buttermilch, Kefir, Dickmilch, Joghurt, saure Sahne und Crème fraîche werden bei Milchzuckerunverträglichkeit in kleinen Mengen gut vertragen. Bei einer echten Kuhmilchallergie allerdings nicht. Probieren Sie als Alternativen Produkte aus Ziegen- und Schafmilch.

Frischkäse und Käse enthalten Milcheiweiß. Als Alternativen zu Kuhmilchkäse bieten sich Käsesorten aus Ziegen- und Schafmilch an. Es gibt sowohl Frischkäse aus Ziegen- und Schafmilch, wie auch gereiften Käse aus diesen Milcharten.
Wer keine Probleme mit Sojaprodukten hat, kann auch Sojakäse (Tofu) verwenden.
Achten Sie aber auf Zusätze von Kräutern und Gewürzen und prüfen Sie deren Verträglichkeit. Am besten Käse ohne Zusatz von Gewürzen und Kräutern wählen.

Kokoswasser nennt man die leicht trübe, farblose Flüssigkeit im Inneren der Kokosnuss. Korrekt umgangssprachlich heißt es oft Kokosmilch. Es eignet sich als Flüssigkeitszusatz für süße Teige und Massen. Das Allergiepotenzial der Kokosnuss ist niedrig. In diese Familie gehören auch Datteln und Palmherzen.

Empfehlenswerte Mehle

Hafer ist sehr gut bekömmlich, sowohl als ganzes Korn wie als Flocken und Mehl. Hafermehl eignet sich auch zum Backen. Allerdings kann es nicht für Mürbeteig verwendet werden, da es schon während des Knetens ranzig wird. Sie können es mit anderen Mehlen mischen. Hafer ist das nährstoffreichste Getreide und enthält wertvolle Fettsäuren. Das Mehl muss rasch verbraucht werden, da es schnell ranzig wird. Hafermehl ist im Bioladen und im Reformhaus erhältlich.

Buchweizen gehört zu den Knöterichgewächsen und ist mit Sauerampfer und Rhabarber verwandt. Er wird als ganzes Korn, als Grütze, Grieß und Mehl angeboten und eignet sich für Risotto, Aufläufe, zum Backen (Blinis, Pfannkuchen) sowie zur Herstellung von Teigwaren. Buchweizen ist in gut sortierten Supermärkten erhältlich und natürlich im Bioladen oder Reformhaus.

Reis birgt nur ein sehr geringes Allergierisiko. Deshalb ist er wichtiger Bestandteil jeder allergenarmen Kost. Reismehl kann alternativ zu Kuhmilch als Flüssigkeit zur Teigzubereitung eingesetzt werden. Reismehl eignet sich gut zum Binden und als Alternative zu Biobin.

Kichererbsenmehl ist reich an hochwertigem Eiweiß und an komplexen Kohlenhydraten. Es kann einen Teil von Backmehlen ersetzen und ihnen beigemengt werden. Dadurch bessern Sie die Eiweißqualität von Gebäck auf.

Weitere feine Backzutaten

Säurearme Früchte werden oft besser vertragen als säurereiche. Bevorzugen Sie Bananen, Birnen, Aprikosen und Pfirsiche. Einige exotische Früchte enthalten Enzyme (Eiweißstrukturen), die manchmal zu allergischen Reaktionen führen. Vorsicht ist geboten bei Zitrusfrüchten und Erdbeeren.
Bei den meisten Früchten verschwindet der Allergiecharakter durch Erhitzen. Getrocknete, ungeschwefelte Früchte gelten als gering allergen.

Rohzucker ist für Allergiker oft besser geeignet als weißer Haushaltszucker. Er ist in gut sortierten Supermärkten, im Bioladen und im Reformhaus erhältlich. Bei Unverträglichkeiten von alternativen Süßungsmitteln wie Honig und Obstdicksäften müssen mögliche Kreuzreaktionen mit Blütenpollen und Früchten berücksichtigt werden. Neurodermitiker sollen generell wenig Süßes essen und Zucker sowie Honig sparsam verwenden.

Biobin ist ein Binde- und Verdickungsmittel aus Johannisbrotkernmehl. Sie können es vielfach durch Reismehl ersetzen, wobei 1 Messlöffel (ML) Biobin 10 g Reismehl entspricht.
Als Teigtriebmittel eignet sich **Backpulver** bzw. Weinstein-Backpulver aus dem Reformhaus.
Je nach Verträglichkeit können Sie auch mit **Hefe** backen. Vorsicht ist geboten bei einer Allergie gegen Schimmelpilze! Die Kerntemperatur im Backwerk reicht oft nicht aus, um die allergenen Eiweißstrukturen zu zerstören.

Die **Kakaobohne** ist wenig allergen, enthält aber nennenswerte Mengen an Nickel, so dass man bei Unverträglichkeiten von Kakao und kakaohaltigen Produkten (Schokolade) an eine Nickelallergie denken muss. **Carob** gilt als allergenarmer und reizfreier Kakaoersatz. Das feine braune Pulver wird aus den Früchten des Johannisbrotbaumes gewonnen und ist im Reformhaus sowie im Bioladen erhältlich.

Knabbereien für zwischendurch

Snacks gegen den kleinen Hunger zwischendurch – das kann natürlich auch mal süßes Gebäck sein. Ein paar Kekse oder Plätzchen schmecken vorzüglich zum Tee oder Kaffee, sie eignen sich prima zum Mitnehmen und auch Gäste lassen sich damit gerne verwöhnen. Sorgen Sie für einen kleinen Vorrat und bewahren Sie das Gebäck in Blechdosen auf, dann bleibt es lange frisch und knusprig.

Blitzrezepte

Cashew-Pinien-Krokant

FÜR 90 STÜCK

- 300 g Rohzucker
  200 g Cashewkerne
  50 g Pinienkerne
  Pflanzenmargarine für Blech und Nudelholz

1 | Ein Backblech einfetten. Zucker in einem Topf unter ständigem Rühren bei kleiner Hitze auflösen. Cashew- und Pinienkerne im Blitzhacker zerkleinern und mit dem Zuckersirup verrühren.

2 | Die Masse auf das Backblech geben, mit einem leicht eingefetteten Nudelholz 1 cm dick ausrollen, in 3 cm große Quadrate schneiden und fest werden lassen.

Kokosspitzen

FÜR 50 STÜCK

- 50 runde Backoblaten (4 cm Durchmesser)
  125 g Kokosraspel
  80 g Kamutmehl
  5 EL Akazienhonig

1 | Die Oblaten auf einem Backblech im Abstand von 2 cm auslegen. Die Kokosraspel in einer beschichteten Pfanne bei kleiner Hitze anrösten. Mit Kamutmehl und Honig gut mischen.

2 | Den Backofen auf 200° vorheizen. Mit den Händen 50 kleine Spitzkegel formen und auf die Oblaten setzen. Etwa 5 Min. (Mitte, Umluft 180°) backen.

gelingt leicht

Sesamkekse

FÜR 75 STÜCK

- **75 runde Backoblaten**
- **50 g getrocknete Datteln**
- **150 g Pflanzenmargarine**
- **275 g Rohzucker**
- **4 ML Biobin**
- **100 g zarte Haferflocken**
- **250 g ungeschälter Sesam**
- **3 EL Ziegenmilch**
- **175 g Buchweizenmehl**
- **20 g Reismehl**

Zubereitung: 40 Min.
Backzeit: 15 Min.
Pro Stück etwa: 63 kcal

1 | Die Oblaten auf 1–2 Backblechen im Abstand von 2 cm auslegen. Die Datteln entsteinen und fein hacken. Die Margarine und den Zucker schaumig rühren. Datteln, Biobin, 50 ml Mineralwasser, Haferflocken, 220 g Sesam, Ziegenmilch, Buchweizen- und Reismehl nach und nach hinzufügen und alle Zutaten zu einem geschmeidigen Teig verkneten. Den Backofen auf 190° vorheizen.

2 | Mit einem Teelöffel kleine Häufchen von dem Teig abnehmen und auf die Oblaten setzen. Teigplätzchen mit dem restlichen Sesam bestreuen und 15 Min. (Mitte, Umluft 175°) backen. Die Sesamkekse auf einem Kuchengitter erkalten lassen.

Varianten: Anstelle von Ziegenmilch Schafmilch verwenden. Die Teighäufchen direkt auf ein mit Backpapier ausgelegtes Backblech setzen.

braucht etwas Zeit

Nussecken

FÜR 45 STÜCK

- **250 g Kichererbsenmehl**
- **100 g Pflanzenmargarine**
- **80 g Rohzucker**
- **200 g gehackte Cashewkerne**
- **2 EL Akazienhonig**
- **Kichererbsenmehl für die Arbeitsfläche**

Zubereitung: 55 Min.
Ruhezeit: 30 Min.
Backzeit: 10 Min.
Pro Stück etwa: 59 kcal

1 | Ein Backblech mit Backpapier auslegen. Kichererbsenmehl, Margarine, Zucker und 6 EL Wasser zu einem glatten Teig verkneten. Zu einem Rechteck formen, in Frischhaltefolie wickeln und 30 Min. im Kühlschrank ruhen lassen.

2 | Den Backofen auf 180° vorheizen. Den Teig auf einer leicht bemehlten Arbeitsfläche dünn ausrollen. Die Cashewkerne in einer beschichteten Pfanne bei mittlerer Hitze anrösten. Mit dem Honig verrühren und auf den Teig streichen.

3 | Die Teigplatte in Dreiecke schneiden und auf das Blech setzen. Die Nussecken 10 Min. (Mitte, Umluft 160°) backen.

Variante: Je nach Verträglichkeit die Nussecken noch mit Fettglasur oder Carob-Puderzuckerglasur überziehen.

im Bild vorne: **Nussecken** *im Bild hinten:* **Sesamkekse**

schnell

Dattelspritzgebäck

FÜR 70 STÜCK

- **200 g getrocknete Datteln**
  125 g Pflanzenmargarine
  125 g Rohzucker
  5 ML Biobin
  300 g Hafermehl

Zubereitung: 30 Min.
Backzeit: 25 Min.
Pro Stück etwa: 46 kcal

1 | Ein Backblech mit Backpapier auslegen. Die Datteln entsteinen und klein schneiden, ein Drittel der Stückchen zum Garnieren beiseite legen. Die restlichen Datteln mit dem Blitzhacker auf höchster Stufe pürieren.

2 | Das Dattelpüree mit Margarine, Zucker, Biobin und 100 ml Wasser gründlich verrühren. Das Hafermehl unter ständigem Rühren hinzufügen. Wenn der Teig zu fest ist, nach Bedarf noch 1–2 EL Wasser unterrühren. Den Backofen auf 180° vorheizen.

3 | Die Masse in einen Spritzbeutel mit großer Sterntülle füllen und Spiralen, Kreise sowie Achten auf das Backpapier spritzen. Die Teigfiguren mit den restlichen Dattelstückchen garnieren und 10–15 Min. (Mitte, Umluft 160°) backen. Anschließend gut auskühlen lassen.

- Varianten: Anstelle von Datteln getrocknete Feigen oder Aprikosen verwenden.
  Anstelle des Biobins 50 g Reismehl verwenden, evtl. noch 50 ml Wasser zusätzlich zugeben.

gelingt leicht

Maisspritzgebäck

FÜR 40 STÜCK

- **250 g Maismehl**
  100 g Pflanzenmargarine
  80 g Rohzucker

Zubereitung: 35 Min.
Backzeit: 15 Min.
Pro Stück etwa: 47 kcal

1 | Ein Backblech mit Backpapier auslegen, den Backofen auf 180° vorheizen.

2 | Das Mehl, Margarine und Zucker miteinander verrühren. Nach und nach 85 ml Mineralwasser zufügen und alles zu einem geschmeidigen Teig verrühren.

3 | Den Teig in einen Spritzbeutel mit großer Sterntülle füllen und Kreise oder Spiralen auf das Backpapier spritzen. Die Plätzchen 10–15 Min. (Mitte, Umluft 165°) backen. Anschließend gut auskühlen lassen.

- Variante: Für ein Spritzgebäck mit Carob die Hälfte des Teigs mit 2 EL Carob verkneten. Weiter verarbeiten und backen wie oben beschrieben. Nach Belieben mit Carob-Puderzuckerglasur überziehen.

im Bild vorne: **Maisspritzgebäck** *im Bild hinten:* **Dattelspritzgebäck**

schnell

Mürbes Spritzgebäck

FÜR 40 STÜCK

- **165 g Pflanzenmargarine**
- **140 g Puderzucker**
- **75 g Speisestärke**
- **65 ml Ziegenmilch**
- **1 Msp. Salz**
- **285 g Dinkelmehl**

Zubereitung: 50 Min.
Ruhezeit: 1 Std.
Backzeit: 10 Min.
Pro Stück etwa: 74 kcal

1 | Margarine, Puderzucker und Speisestärke verrühren. Ziegenmilch, Salz und Mehl untermengen und alles zu einem geschmeidigen Teig verkneten. Den Teig 1 Std. kalt stellen.

2 | Den Backofen auf 180° vorheizen, ein Backblech mit Backpapier auslegen. Den Teig in einen Spritzbeutel mit großer Sterntülle füllen und Rosetten, Kreise oder Spiralen auf das Backpapier spritzen. Bei 180° etwa 10 Min. (Mitte, Umluft 165°) hellgelb backen.

Variante: Nur 240 g Dinkelmehl verwenden und zusätzlich 50 g fein geriebene Macadamianüsse unter den Teig mischen.

gut vorzubereiten

Kokosriegel

FÜR 25 STÜCK

- **50 g getrocknete Datteln**
- **150 g Pflanzenmargarine**
- **150 g Rohzucker**
- **1 EL Akazienhonig**
- **100 g Kokosraspel**
- **200 g zarte Haferflocken**
- **Pflanzenfett für das Blech**

Zubereitung: 20 Min.
Backzeit: 20 Min.
Pro Stück etwa: 131 kcal

1 | Backblech mit einem Streifen mehrfach gefalzter Alufolie oder einer Metallschiene teilen. Das halbe Backblech fetten. Datteln entsteinen, klein schneiden und beiseite stellen.

2 | Den Backofen auf 175° vorheizen. Margarine, Zucker und Honig in einem kleinen Topf unter Rühren erwärmen, bis der Zucker gelöst ist. Mit Kokosraspel, Haferflocken und Datteln gut verrühren.

3 | Die Masse auf die gefettete Backblechhälfte geben, mit einem leicht geölten Teigschaber oder Frühstücksbrett auf 1 cm flach drücken. Die Teigplatte etwa 20 Min. (Mitte, Umluft 150°) backen.

4 | Nach dem Backen 15 Min. abkühlen lassen. In 8 cm lange und 2,5 cm breite Riegel schneiden und auf einem Kuchengitter völlig erkalten lassen.

TIPP

Kokosriegel mit einer Glasur aus Puderzucker, Carobpulver und heißem Wasser überziehen bzw. nur die Enden in die Glasur tauchen. Kühl und trocken aufbewahren.

Variante: Anstelle der Datteln anderes Trockenobst verwenden, z. B. Rosinen, Feigen, Aprikosen oder Pflaumen. Wichtig ist, dass dieses ungeschwefelt ist.

im Bild vorne: **Mürbes Spritzgebäck** *im Bild hinten:* **Kokosriegel**

zum Mitnehmen

Knabber-Müsli

FÜR 35 STÜCK

- 100 g Pinienkerne
  100 g geschälte Sonnenblumenkerne
  50 g zarte Haferflocken
  100 g Kokosflocken
  4 EL Akazienhonig
  4 EL Sonnenblumenöl
  50 g Dinkelmehl

Zubereitung: 30 Min.
Backzeit: 10 Min.
- Pro Stück etwa: 79 kcal

1 | Ein Backblech mit Backpapier auslegen. Pinien- und Sonnenblumenkerne im Blitzhacker mittelfein zerkleinern. Mit den Hafer- sowie Kokosflocken und dem Honig verrühren. In einer beschichteten Pfanne das Öl auf kleiner Stufe erhitzen. Die Mischung unter Rühren darin anrösten. Den Backofen auf 180° vorheizen.

2 | Die Knuspermischung in einer Schüssel mit dem Mehl und 2 EL Wasser gut verrühren. Etwa daumendick auf das Backpapier streichen und andrücken. Eventuell mit mehrfach gefalzter Alufolie eine Leiste als Hilfsrand anbringen. Mischung 10 Min. (Mitte, Umluft 160°) backen.

3 | Warme Müsliplatte in 3 cm große Quadrate schneiden und abkühlen lassen.

TIPP

Für das Backen kleinerer Teigmengen eignet sich ein verstellbares Backblech ausgezeichnet. Es lässt sich durch Zusammenschieben je nach Teigmenge stufenlos verkleinern. Diese Bleche sind beschichtet und gut zu reinigen. Zum Backen das verkleinerte Blech auf das Backofengitter stellen.

- Variante: Anstelle von Dinkelmehl Hafermehl verwenden.

1 **Flockenmischung anrösten**

Die Kerne und Flocken in einer beschichteten Pfanne anrösten

2 **Blech belegen**

Die Knuspermischung gleichmäßig auf dem Blech verteilen

3 **In Stücke schneiden**

Die fertige Teigplatte in kleine Quadrate schneiden

Kuchen und Kleingebäck

Flachgebäck und Kuchen in kleinen Formen eignen sich besonders gut für das Backen ohne Milch und Ei. Kleine Springformen, Gugelhupfformen und Obstkuchenformen werden in jedem guten Haushaltswarengeschäft angeboten. Die kleineren Formen sind sinnvoll, um neue Rezepte auszuprobieren oder um mehrere Varianten eines Rezepts zu backen.

Blitzrezept

Hafermuffins

FÜR 1 MUFFINFORM (12 STÜCK)

- **100 g Pflanzenmargarine**
- **120 g Rohzucker**
- **1 Pck. Vanillinzucker**
- **9 ML Biobin**
- **200 g Hafermehl**
- **1/2 Pck. Backpulver**
- **100 g Heidelbeeren**
- **Pflanzenmargarine für das Muffinblech**

1 | Margarine, Zucker und Vanillinzucker schaumig rühren. Biobin, Mehl, Backpulver sowie 5–7 EL Wasser unterrühren.

2 | Backofen auf 180° vorheizen. Die Vertiefungen des Muffinblechs dünn fetten. Heidelbeeren waschen, verlesen, putzen, trocken tupfen und vorsichtig unter den Teig mengen. Den Teig zwei Drittel hoch in die Förmchen füllen und 20–25 Min. (Mitte, Umluft 160°) backen.

3 | Die Muffins in der Form abkühlen lassen.

gelingt leicht

Geburtstagskuchen

FÜR EINE GUGELHUPFFORM VON 16 CM Ø (12 STÜCKE)

- **130 g Pflanzenmargarine**
- **30 g fein gemahlene Pinienkerne**
- **120 g Rohzucker**
- **1/2 Pck. Vanillinzucker**
- **3 ML Biobin**
- **300 g Kamutmehl**
- **3 TL Weinstein-Backpulver**
- **125 g Puderzucker**
- **Pflanzenmargarine für die Form**

Zubereitung: 15 Min.
Backzeit: 40 Min.
Pro Stück etwa: 334 kcal

1 | Eine Gugelhupfform dünn mit Margarine fetten. Den Backofen auf 200° vorheizen.

2 | Die Pinienkerne mit Margarine, Zucker, Vanillinzucker, Biobin und 150 ml Mineralwasser in einer Schüssel gut miteinander verquirlen. Mehl und Backpulver mischen und unterrühren.

3 | Den Teig in die Gugelhupfform füllen und etwa 40 Min. (Mitte, Umluft 175°) backen. Nach 25 Min. Backzeit mit Backpapier oder Alufolie abdecken und in weiteren 15 Min. fertig backen.

4 | Für die Glasur den Puderzucker mit 1–2 EL kochend heißem Wasser verrühren und den abgekühlten Gugelhupf damit überziehen.

Variante: Marmorkuchen

2 EL Carobpulver unter ein Drittel des Teigs rühren. Hellen Teig in die gefettete Form geben und den dunklen darauf verteilen. Den dunklen Teig mit einer Gabel spiralartig unter den hellen ziehen. Kuchen wie beschrieben backen. Nach Belieben mit Puderzucker bestäuben oder mit Glasur überziehen.

TIPPS

Einfach glänzend: Guss und Glasuren

- Für einen weißen Kastenkuchen-Zuckerguss 250 g gesiebten Puderzucker mit 4–5 EL Mangosaft oder Wasser mit einer Gabel verrühren.
- Weiße Zuckerglasuren können Sie ganz leicht mit etwas Muttersaft (z. B. Kirsche oder Heidelbeere) oder Fruchtsirup (z. B. Himbeer oder Pfirsich) einfärben, sofern keine Allergien gegen die Früchte bestehen. Achtung: Sirup enthält manchmal Farbstoff.
- Für eine grüne Glasur für Osterkuchen 250 g Puderzucker mit 1 TL Gerstengraspulver aus dem Bioladen mischen. 4 EL Limettensaft erwärmen und unterrühren.
- Für einen braunen Zuckerguss 250 g Puderzucker und 1 EL Carobpulver mit 2–3 EL warmen Wasser verrühren.

im Bild vorne: **Variante Marmorkuchen** *im Bild hinten:* **Geburtstagskuchen**

fein

Butterkuchen

FÜR EIN BLECH
(12 STÜCKE)

- **350 g Kamutmehl (ersatzweise Dinkelmehl)**
- **1 Pck. Weinstein-Backpulver**
- **100 g zarte Haferflocken**
- **75 g Rohzucker**
- **250 ml Reismilch**
- **2 Msp. Bourbon-Vanille**
- **Salz**
- **200 g Pflanzenmargarine**
- **6 ML Biobin**
- **50 g Sauerrahmbutter in Flöckchen**
- **50 g Rohzucker**
- **30 g Kokosraspel**

Zubereitung: 20 Min.
Backzeit: 20 Min.
Pro Stück etwa: 334 kcal

1 | Ein Backblech mit Backpapier auslegen. Den Backofen auf 220° vorheizen. Mehl und Backpulver mischen. Haferflocken, Zucker, Milch, Bourbon-Vanille, 1 Prise Salz, Margarine, Biobin sowie 50 ml Mineralwasser hinzufügen. Alles zu einem glatten Teig verkneten.

2 | Teig gleichmäßig auf dem Backblech verteilen, mit den Händen andrücken. Butterflöckchen darauf verteilen. Zucker und Kokosraspel mischen und aufstreuen. Kuchen 20 Min. (Mitte, Umluft 190°) backen, nach 10 Min. mit Alufolie abdecken.

Anstelle von Reismilch Schaf-, Ziegen- oder Hafermilch verwenden.

braucht etwas Zeit

Getreidewaffeln

FÜR 8 STÜCK

- **Öl für das Waffeleisen**
- **150 g Buchweizenmehl**
- **1 1/2 EL Reismehl**
- **1 TL Weinstein-Backpulver**
- **3 EL Rohzucker**
- **1 1/2 EL Sonnenblumenöl**
- **250 ml Wasser**

Zubereitung: 30 Min.
Pro Stück etwa: 121 kcal

1 | Ein beschichtetes Waffeleisen erwärmen, evtl. mit Öl ausstreichen. Die Teigzutaten zu einem dickflüssigen Teig verrühren.

2 | Den Teig portionsweise ins Waffeleisen geben und goldgelb ausbacken. Evtl. nach jedem Backvorgang das Waffeleisen leicht einölen.

TIPP

Mit Apfelmus, Kirsch- oder Beerenkompott servieren. Sie schmecken auch zum Frühstück – pur, mit Konfitüre, Honig, Ahornsirup oder Carob-Aufstrich.

Carobaufstrich

Für etwa 300 g Aufstrich 150 g weiche Sauerrahmbutter mit 50 g Rohzucker und 3 EL Carobpulver verrühren. Evtl. noch 50 g fein gemahlene Pinienkerne unterrühren. Creme rasch genießen. Der Carob-Aufstrich ohne Pinienkerne ist im Kühlschrank aufbewahrt mindestens eine Woche haltbar.

Variante: Anstelle von Buchweizenmehl können Sie feines Mehl von Hafer, Gerste oder Dinkel verwenden. Außerdem eignet sich anstelle von Rohzucker 1 EL Ahornsirup zum Süßen.

im Bild vorne: **Getreidewaffeln** *im Bild hinten:* **Butterkuchen**

gut vorzubereiten

Glasierte Tiergesichter

FÜR 25 STÜCK

- 600 g Buchweizenmehl
  300 g Pflanzenmargarine
  Salz
  200 g Aprikosenkonfitüre
  125 g Puderzucker
  Buchweizenmehl für die Arbeitsfläche

Zubereitung: 70 Min.
Ruhezeit: 1 Std.
Backzeit: 10 Min.
- Pro Stück etwa: 207 kcal

1 | Mehl, Margarine, 200 ml Wasser und 1 Msp. Salz rasch zu einem glatten Teig verkneten. Den Teig zu einer Kugel formen, in Frischhaltefolie einschlagen und 1 Std. kalt stellen.

2 | Ein Backblech mit Backpapier auslegen. Ausstechförmchen mit Tiergesichtern zurechtlegen. Den Backofen auf 200° vorheizen.

3 | Den Teig in vier gleichmäßige Portionen teilen und auf einer leicht bemehlten Arbeitsfläche jeweils etwa 4 mm dick ausrollen. Jeweils sechs Motive ausstechen bzw. mit einem Teigrädchen nach Schablone ausradeln. Die ausgestochenen Motive auf das Backblech legen. Teigreste jeweils zusammen kneten und erneut ausrollen. Etwa 10 Min. (Mitte, Umluft, 175°) backen. Backofentür öffnen und das Gebäck im Ofen erkalten lassen.

4 | Die Aprikosenkonfitüre durch ein Haarsieb streichen, erwärmen und dünn auf die Kekse streichen. Den Puderzucker mit 1 EL heißem Wasser glatt rühren. In einen Spritzbeutel mit schmaler, glatter Tülle geben und Augen, Nase und Mund auf die Tierköpfe spritzen.

TIPP

Die Tüllen normaler Spritzbeutel sind oft zu groß. Dann einfach Puderzuckermasse in einen Gefrierbeutel geben, mit der Schere ein kleines Loch in die Spitze schneiden und damit die Tiergesichter aufspritzen.

1 **Teig ausrollen**

Den Teig portionsweise auf bemehlter Arbeitsfläche ausrollen

2 **Motive ausstechen**

Tiergesichter entsprechend der Schablonen ausstechen oder ausradeln

3 **Gebäck verzieren**

Tiergesichter mit der Puderzuckerglasur aus dem Spritzbeutel verzieren

gut vorzubereiten

Leckerli

FÜR 55 STÜCK

- 50 g Bananen-Chips
- 70 g weiche getrocknete Feigen
- 250 g Akazienhonig
- 125 g Rohzucker
- 100 g kernige Haferflocken
- 2 TL Pottasche
- 1/2 TL Zimtpulver
- 250 g Dinkelmehl
- 1 TL Weinstein-Backpulver
- 3 EL Akazienhonig zum Bestreichen
- Macadamianüsse zum Verzieren
- Dinkelmehl für die Arbeitsfläche

Zubereitung: 45 Min.
Backzeit: 20 Min.
Pro Stück etwa: 72 kcal

1 | Ein Backblech mit Backpapier auslegen. Die Bananen-Chips in einen Gefrierbeutel geben und mit einem Nudelholz mehrmals darüber rollen, um sie zu zerkleinern. Von den Feigen die harten Stiele entfernen und das Fruchtfleisch in kleine Stücke schneiden.

2 | Honig und Zucker in einem kleinen Topf unter Rühren erwärmen, bis der Zucker gelöst ist. Haferflocken, Bananen-Chips und Feigen zufügen und 2 Min. köcheln lassen. In eine Schüssel geben und etwas abkühlen lassen.

3 | Den Backofen auf 175° vorheizen. Die Pottasche in wenig Wasser auflösen und zusammen mit Zimt, Mehl und Backpulver unter die abgekühlte Haferflocken-Mischung rühren. Den Teig auf einer leicht mit Mehl bestäubten Arbeitsfläche kräftig durchkneten. Ist der Teig zu weich, noch etwas Mehl einarbeiten, maximal 3 EL. Den Teig auf dem Blech etwa 1 cm dick ausrollen. Etwa 20 Min. im Backofen (Mitte, Umluft 155°) backen.

4 | Für den Belag den Honig mit 4 EL heißem Wasser glatt rühren und die noch warme Teigplatte damit bestreichen.

5 | Die warme Teigplatte in kleine Rechtecke schneiden, mit den Macadamianüssen verzieren und auf dem Blech auskühlen lassen.

TIPPS

- Die Leckerli lassen sich gut auf Vorrat backen. In einer gut schließenden Blechdose aufbewahren.
- Heller Rohrzucker schmeckt sehr mild. Ein intensiveres, herberes Aroma wird durch Verwendung von dunklem Rohrzucker erreicht. Besonders in der Weihnachtszeit ist diese Geschmacksrichtung sehr beliebt.

- Variante: Anstelle von getrockneten Feigen anderes ungeschwefeltes Trockenobst, z. B. Datteln, Backpflaumen, Aprikosen, Rosinen, oder eine Trockenobst-Mischung verwenden.

Fruchtig und saftig

Was wäre ein Kuchen ohne Früchte? Immer neue Varianten können Sie sich auf Basis des Mürbeteig-Grundrezepts einfallen lassen und nach Belieben variieren. Auch Tortelettes lassen sich damit zubereiten. Den Teig können Sie auf Vorrat backen, einfrieren und bei Bedarf mit Früchten belegen sowie mit Tortenguss überziehen. Der Kuchen schmeckt besonders fruchtig und frisch.

Blitzrezept

Birnenkuchen

FÜR 1 SPRINGFORM VON 26 CM Ø

- **1 kg nicht zu harte Birnen**
  150 g Pflanzenmargarine
  150 g Rohzucker
  9 ML Biobin
  300 g Dinkelmehl
  3 TL Weinstein-Backpulver
  1 geh. EL Carobpulver
  50 g zarte Haferflocken
  1 Msp. Zimtpulver
  125 ml Ziegenmilch
  Pflanzenmargarine für die Form

1 | Den Backofen auf 190° vorheizen. Die Birnen schälen, vierteln und die Kerngehäuse heraus schneiden. Die Margarine mit dem Zucker schaumig rühren. Biobin, Mehl und Backpulver, Carobpulver, Haferflocken und Zimt mischen. Abwechselnd mit der Milch und 75 ml Mineralwasser unter die Schaummasse rühren.

2 | Eine Springform leicht einfetten und mit zwei Dritteln des Teigs füllen. Mit den Birnenvierteln belegen und den restlichen Teig esslöffelweise darauf verteilen. Den Kuchen 45–50 Min. (Mitte, Umluft 175°) backen.

- Variante: Anstelle der Ziegenmilch Schaf- oder Reismilch, anstelle des Biobins 90 g Reismehl verwenden. Statt Birnen – je nach Verträglichkeit – Äpfel, Pflaumen, Mirabellen oder Kirschen nehmen. Viele Früchte verlieren ihre allergene Eigenschaft durch Erhitzen.

gelingt leicht

Mürbeteig-Grundrezept

FÜR 1 SPRINGFORM VON 26 CM Ø (12 STÜCKE)

- **300 g Dinkelmehl**
- **200 g Pflanzenmargarine**
- **100 g Rohzucker**
- **Dinkelmehl für die Arbeitsfläche**

Zubereitung: 15 Min.
Ruhezeit: 2 Std.
Backzeit: 20 Min.
Pro Stück etwa: 237 kcal

1 | Das Mehl auf ein Backbrett sieben, eine Mulde eindrücken und Margarine und Zucker hineingeben. Mit den Händen rasch zu einem glatten Teig verkneten. Den Teig zu einem Rechteck formen, in Frischhaltefolie wickeln und 2 Std. kalt stellen.

2 | Den Backofen auf 180° vorheizen. Den Teig auf einer leicht bemehlten Arbeitsfläche ausrollen und je nach Rezept weiter verarbeiten: z.B. für Plätzchen und Kekse dünn ausrollen und ausstechen. Für einen Tortenboden dicker ausrollen und eine dünn gefettete Springform damit auskleiden. Mit den Fingern einen kleinen Rand formen und andrücken. Den Teig 15–20 Min. (Mitte, Umluft 165°) backen.

TIPP Fertig gebackenen Boden mit frischen Früchten – je nach Verträglichkeit – belegen, mit Tortenguss überziehen.

gelingt leicht

Apfelkuchen

FÜR 1 BLECH (12 STÜCKE)

- **1 Grundrezept Mürbeteig**
- **5 mittelgroße Äpfel (z.B. Boskop)**
- **1 Pck. Vanillinzucker**
- **50 g fein gehackte Pinienkerne**
- **200 g Aprikosenkonfitüre**
- **Pflanzenmargarine für das Blech**

Zubereitung: 35 Min.
Ruhezeit: 2 Std.
Backzeit: 25 Min.
Pro Stück etwa: 344 kcal

1 | Einen Mürbeteig wie links beschrieben zubereiten und 2 Std. kalt stellen.

2 | Ein Backblech einfetten. Die Äpfel waschen, schälen, vierteln, die Kerngehäuse herausschneiden, die Apfelviertel in schmale Spalten schneiden. Den Backofen auf 180° vorheizen.

3 | Den Teig auf dem Blech gleichmäßig ausrollen und dicht mit den Apfelspalten belegen. Den Vanillinzucker und die Pinienkerne mischen, auf die Äpfel streuen und den Kuchen 20–25 Min. (Mitte, Umluft 165°) backen.

4 | Die Aprikosenkonfitüre durch ein Haarsieb streichen und erwärmen. Den fertigen, warmen Apfelkuchen dünn damit bestreichen. Erkalten lassen und in Stücke schneiden.

TIPP Der Kuchen lässt sich gut auf Vorrat zubereiten und einfrieren.

im Bild vorne: **Mürbeteig-Plätzchen** *im Bild hinten:* **Apfelkuchen**

gut vorzubereiten

Apfeltörtchen

FÜR 6 STÜCK

- **50 g Maismehl**
- **100 g Dinkelmehl**
- **1/2 TL Weinstein-Backpulver**
- **3 ML Biobin**
- **90 g Pflanzenmargarine**
- **75 g Puderzucker**
- **25 g zarte Haferflocken**
- **200 g Apfelmus**
- **Pflanzenmargarine für die Förmchen**
- **100 g Puderzucker**
- **Dinkelmehl für die Arbeitsfläche**

Zubereitung: 20 Min.
Ruhezeit: 1 Std.
Backzeit: 25 Min.
Pro Stück etwa: 396 kcal

1 | Mais- und Dinkelmehl, Backpulver, Biobin und 50 ml Mineralwasser in einer Schüssel mischen. Die Margarine und den Puderzucker dazugeben und alles rasch zu einem glatten Teig verkneten. Den Teig zu einem Rechteck formen, in Frischhaltefolie wickeln und 1 Std. kalt stellen.

2 | Haferflocken in einer beschichteten Pfanne anrösten. Abkühlen lassen, unter das Apfelmus mischen. Tortelettformen (10 cm Ø) oder 6 Vertiefungen eines Muffinblechs dünn mit Margarine einfetten. Den Backofen auf 180° vorheizen.

3 | Zwei Drittel des Teiges auf einer leicht bemehlten Arbeitsfläche 1/2 cm dick ausrollen. 12 Kreise (ca. 10 cm Ø) ausstechen und 6 Kreise in die Formen legen. Die Apfelmus-Mischung darauf verteilen. Die restlichen Kreise auf die gefüllten Torteletts legen und leicht andrücken. Etwa 25 Min. (Mitte, Umluft 165°) backen.

4 | Für den Guss den Puderzucker mit 1 EL heißem Wasser glatt rühren. Mit einem Löffel die Glasur in dünnen »Fäden« über die heißen Törtchen verteilen. Fest werden und abkühlen lassen. Törtchen in der Form erkalten lassen.

1 **Teig kneten**
Die Zutaten rasch zusammenkneten

2 **Anrösten**
Haferflocken in einer beschichteten Pfanne anrösten

3 **Förmchen abdecken**
Die Torteletts mit Teigkreisen abdecken

4 **Garnieren**
Die Glasur in »Fäden« über die Torteletts ziehen

gut vorzubereiten

Mangokuchen

FÜR EINE KASTENFORM VON 20 CM (12 STÜCKE)

- 1 Mango (ca. 150 g Fruchtfleisch)
- 175 g Pflanzenmargarine
- 200 g Rohzucker
- 6 ML Biobin
- 150 g Kamutmehl (ersatzweise Dinkelmehl)
- 2 TL Weinstein-Backpulver
- 100 g zarte Haferflocken
- Salz
- 120 g Puderzucker
- Pflanzenmargarine für die Form

Zubereitung: 45 Min.
Backzeit: 45 Min.
Pro Stück etwa: 311 kcal

1 | Die Schale der Mango abziehen und das Fruchtfleisch stückweise vom Kern schneiden. Mit 100 ml Wasser im geschlossenen Topf bei milder Hitze etwa 30 Min. weich kochen.

2 | Das Kompott samt Flüssigkeit heiß durch ein Haarsieb in eine Schüssel streichen und den Brei abkühlen lassen. Inzwischen 175 g Margarine mit dem Zucker schaumig schlagen. Biobin und 50 ml Mineralwaser unterrühren. Mehl mit Backpulver vermengen und auf die Schaummasse geben. Haferflocken, 1 Prise Salz und Mangopüree darüber geben und alles gut miteinander verrühren.

3 | Den Backofen auf 190° vorheizen und eine Kastenform mit Margarine dünn einfetten. Den Teig in die Form geben, glatt streichen und 40–50 Min. (Mitte, Umluft 175°) backen. Nach 30 Min. Backzeit die Oberfläche mit einem Stück Alufolie abdecken.

4 | Für den Guss den Puderzucker mit 2 EL heißem Wasser glatt rühren und den warmen Kuchen damit überziehen.

➤ Variante: Anstelle des Biobins 60 g Reismehl verwenden.

schnell

Aprikosenkugeln

FÜR 30 STÜCK

- 200 g getrocknete, ungeschwefelte Aprikosen
- 200 g Kokosraspel

Zubereitung: 20 Min.
Einweichzeit: 3 Std.
Pro Stück etwa: 56 kcal

1 | Die Aprikosen 2–3 Std. in warmem Wasser einweichen. Abgießen und in einem sauberen Tuch gut ausdrücken.

2 | Die Aprikosen in einem Blitzhacker zerkleinern. Die Hälfte der Kokosraspel dazugeben und erneut pürieren oder durch den Fleischwolf drehen.

3 | Die Masse in eine Schüssel geben, die restlichen Kokosraspel dazugeben und alles zu einem glatten Teig verkneten. Aus dem Teig kleine Kugeln formen und nach Belieben in Pralinenmanschetten setzen. Die Aprikosenkugeln kühl aufbewahren.

im Bild vorne: **Aprikosenkugeln** *im Bild hinten:* **Mangokuchen** ➤

fruchtig

Heidelbeerkuchen

FÜR EINE SPRINGFORM VON 26 CM Ø (12 STÜCKE)

➤ **Für den Teig**

125 g Schafmilchjoghurt

4 EL Sonnenblumenöl

125 g Rohzucker

1 Pck. Vanillinzucker

250 g Dinkelmehl

1 1/2 TL Weinstein-Backpulver

125 g grob gehackte, ungesalzene Macadamianüsse

➤ **Für den Belag**

300 g Heidelbeeren

1 Pck. Vanille-Puddingpulver

Zubereitung: 30 Min.

Backzeit: 40 Min.

➤ Pro Stück etwa: 245 kcal

1 | Springform mit Backpapier auslegen. Joghurt, Öl, 50 g Zucker und Vanillinzucker mischen. Dinkelmehl und Backpulver über die Masse sieben, mit 100 g Macadamianüsse zu einem festen Teig verkneten. Teig dünn auf dem Springformboden ausrollen, dabei einen 1 cm hohen Rand formen.

2 | Den Backofen auf 200° vorheizen. Für den Belag die Heidelbeeren waschen, verlesen und in eine Schüssel geben. Mit 2–3 EL Wasser, Puddingpulver und dem restlichen Zucker verrühren. Die Heidelbeermischung auf dem Teigboden verteilen. Den Kuchen 30–40 Min. (Mitte, Umluft 175°) backen. Nach 30 Min. Backzeit die Oberfläche mit Alufolie abdecken.

3 | Den Kuchen in der Form abkühlen lassen. Den Springformrand vorsichtig lösen und den Kuchen mit den restlichen Macadamianüssen bestreuen.

Anstelle der Heidelbeeren andere Beeren oder eine Beeren-Mischung verwenden.

➤ Varianten: Bei Verträglichkeit anstelle von Dinkelmehl eine Mischung aus Buchweizenmehl und Weizenmehl verwenden.

Die Macadamianüsse durch grob gemahlene Pinienkerne ersetzen.

Die Zutaten für den Belag gemäß Rezept vermengen und sofort mit dem Teig verrühren. Während des Backvorgangs mit Hilfe eines Holzstäbchens die Garprobe machen.

Den Kuchen nach dem Backen mit gehackten Macadamianüssen bestreuen. Dieser Kuchen erhält eine noch intensivere Blaufärbung und schmeckt saftiger.

originell

Macadamia-Cremetörtchen

FÜR 6 MUFFINS

- **50 g Maismehl**
  100 g Dinkelmehl
  125 g Pflanzenmargarine
  4 EL Mangopüree (frisch oder aus dem Glas)
  1 EL Apfelsaft
  50 g Rohzucker
  2 ML Biobin
  70 g gemahlene, ungesalzene Macadamianüsse
  100 g Puderzucker
  Dinkelmehl für die Arbeitsfläche

Zubereitung: 20 Min.
Backzeit: 15 Min.
- Pro Stück etwa: 432 kcal

1 | Die Mehlsorten mischen, 50 g der Mischung beiseite stellen, den Rest in eine Schüssel geben. 100 g Margarine, 2 EL Mangopüree und den Apfelsaft hinzufügen und die Zutaten zu einem glatten Teig verkneten.

2 | Den Teig auf einer leicht mit Mehl bestäubten Arbeitsfläche dünn ausrollen. Mit einem Glas oder Förmchen Kreise (ca. 8 cm Ø) ausstechen. Die Teigscheiben vorsichtig in die Muffinformen legen und leicht andrücken.

3 | Den Backofen auf 200° vorheizen. Für die Füllung die restlichen Mengen von Mehl, Margarine und Mangopüree mit dem Zucker, Biobin, den Macadamianüssen und 1 EL Wasser gut verrühren. Die Teignester damit füllen.

4 | Die Törtchen im Backofen (Mitte, Umluft 175°) 15 Min. backen. Etwas abkühlen lassen und aus den Formen lösen. Den Puderzucker mit 1 EL heißem Wasser glatt rühren und die Törtchen damit überziehen.

- Variante: Anstelle des Biobins 20 g Reismehl verwenden.

1 **Förmchen auslegen**
Teigkreise in die Vertiefungen eines Muffinblechs drücken

2 **Törtchen füllen**
Teignester mit der Mangomischung füllen

3 **Törtchen verzieren**
Törtchen mit dem Puderzucker überziehen

braucht etwas Zeit

Dattelkuchen

FÜR EINE SPRINGFORM VON 26 CM Ø (12 STÜCKE)

- **300 g ganze Haferkörner**
- **350 g getrocknete Datteln**
- **240 g Pflanzenmargarine**
- **180 g Rohzucker**
- **1 Msp. Bourbon-Vanille**
- **165 g Dinkelmehl**
- **Salz**
- **Pflanzenmargarine für die Form**
- **Dinkelmehl für die Streusel**

Zubereitung: 25 Min.
Einweichzeit: 12 Std.
Backzeit: 75 Min.
Pro Stück etwa: 428 kcal

1 | Die Haferkörner abspülen und in warmem Wasser über Nacht einweichen.

2 | Den Backofen auf 170° vorheizen. Die Datteln entsteinen und im Blitzhacker zerkleinern, die Masse darf noch stückig sein. Margarine mit Zucker und Bourbon-Vanille schaumig rühren. Mehl und 1 Prise Salz nach und nach unterrühren.

3 | Hafer abgießen und unter den Teig mischen. Teig mit den Händen gut durchkneten. Eine Springform dünn fetten und zwei Drittel des Teiges gleichmäßig darin verteilen. Mit den Fingern andrücken, dabei einen 1 cm hohen Rand formen. Datteln auf dem Teigboden verteilen.

4 | Den restlichen Teig mit etwas Mehl bestäuben, mit den Händen zu großen Streuseln zerkrümeln und auf der Dattelmasse verteilen. Den Kuchen etwa 75 Min. (Mitte, Umluft 155°) backen.

schnell

Fruchtbällchen

FÜR 20 STÜCK

- **50 g getrocknete Datteln**
- **50 g getrocknete Feigen**
- **30 g Buchweizenmehl**
- **2 EL Sonnenblumenöl**

Zubereitung: 15 Min.
Pro Stück etwa: 27 kcal

1 | Die Datteln entsteinen. Datteln und Feigen grob zerkleinern, mit 1 EL Wasser im Mixer fein pürieren.

2 | Die Trockenfrüchte, Mehl und Öl zu einem glatten Teig verkneten. Mit den Händen kleine mundgerechte Kugeln formen. Nach Belieben in Pralinenmanschetten setzen und trocknen lassen.

- Variante: Anstelle des Mehls fein gemahlene Pinienkerne verwenden. Die Bällchen in Puderzucker oder Zimtzucker wälzen.

TIPPS

- Die Früchte lassen sich besser verarbeiten, wenn man sie vor der Verarbeitung in Wasser einweicht: Die eingeweichten Früchte gut ausdrücken und fein pürieren. Auf die Zugabe von Mineralwasser verzichten.
- Die Fruchtbällchen kurzfristig in einer Blechdose aufbewahren und möglichst bald verzehren.

im Bild vorne: **Fruchtbällchen** *Im Bild hinten:* **Dattelkuchen**

Pikante Bäckereien und Brot

Das tägliche Brot lässt sich prima selber backen. Gerade bei einer Unverträglichkeit von Milch und Ei ist man bestens beraten, Brot, Brötchen und Pizza selbst zuzubereiten. Das ist überhaupt nicht schwer, wie die folgenden Rezepte beweisen. Brot und Brötchen lassen sich gut einfrieren und bei Bedarf aufbacken. Und der Pizzateig ohne Hefe lässt sich durch den Belag so vielfältig abwandeln, wie Sie es vom Italiener kennen. Probieren Sie auch mal Minipizzen mit verschiedenen Belägen!

Blitzrezept

Herzhaft

Brötchen ohne Hefe

FÜR 12 STÜCK

- **500 g Dinkelmehl**
  1 Pck. Weinstein-Backpulver
  Salz
  80 g Pflanzenmargarine
  20 g flüssige Sauerrahmbutter

1 | Den Backofen auf 190° vorheizen. 300 ml warmes Wasser in eine Schüssel geben. Das Mehl mit Backpulver und 1 EL Salz mischen und einrühren. Die Margarine unterarbeiten.

2 | Die Vertiefungen eines Muffinblechs dünn fetten. Den Teig einfüllen und die Brötchen 20 Min. (Mitte, Umluft 175°) backen. Mit Butter bestreichen und noch weitere 5 Min. backen.

TIPP

Die Oberfläche der Brötchen nach Belieben und Verträglichkeit mit Mohn, Haferflocken, Sesam, Sonnenblumen- oder Kürbiskernen, geriebenem Käse etc. bestreuen.

Besonders würzig schmecken sie, wenn Gewürze (z. B. Koriandersamen) und getrocknete Kräuter (Majoran, Thymian) unter den Teig gemischt werden.

- Variante »Partysonne«: Aus dem Teig mit bemehlten Händen 12 Brötchen formen. An den Seiten mit Wasser bestreichen und auf einem mit Backpapier ausgelegten Backblech zu einem Kranz zusammensetzen. Dünn mit Wasser bestreichen und je nach Verträglichkeit bestreuen. Wie beschrieben backen.

gut vorzubereiten

Kastenbrot ohne Hefe

FÜR 1 KASTENFORM VON 20 CM (20 SCHEIBEN)

- **500 g Dinkelmehl**
  Salz | 4 EL Rohzucker
  1 Pck. Weinstein-Backpulver
  80 g Pflanzenmargarine
  Öl für die Form

Zubereitung: 10 Min.
Backzeit: 45 Min.
➤ Pro Scheibe etwa: 125 kcal

1 | Den Backofen auf 200° vorheizen. 300 ml lauwarmes Wasser, Mehl, 1 EL Salz, Zucker, Backpulver und Margarine in eine Schüssel geben. Alle Zutaten zu einem glatten Teig verkneten. Eine Kastenform dünn mit Öl ausstreichen und den Teig hinein geben.

2 | Die Teigoberfläche mit einem Messer leicht einschneiden, damit die Oberfläche nicht einreißt. Das Brot im Backofen (Mitte, Umluft 180°) 35–45 Min. backen. Das Brot in der Form auskühlen lassen.

TIPP

Das Kastenbrot eignet sich prima zum Toasten! Es kann auch auf Vorrat zubereitet werden: Nach dem Auskühlen in Scheiben schneiden und einfrieren. Einzelne Scheiben nach Bedarf entnehmen und toasten oder auftauen lassen.

gelingt leicht

Kräuterbrot im Tontopf

FÜR 3 BROTE MIT 14 CM Ø

- **500 g feines Dinkelmehl**
  1 Päckchen Weinstein-Backpulver
  Salz
  80 g Butter
  4 EL Rohzucker
  2 EL frische Kräuter nach Verträglichkeit (frischer Dill und Majoran, ersatzweise 1–2 TL fertige Pizza-Gewürz-Mischung aus getrocknetem Oregano, Basilikum, Rosmarin, Bohnenkraut, Thymian)
  Butter für die Tontöpfe

Zubereitung: 15 Min.
Backzeit: 35 Min.
➤ Pro Brot etwa: 815 kcal

1 | 3 neue, saubere Blumentöpfe aus Ton (14 cm Durchmesser) mit Butter einfetten.

2 | 300 ml Wasser in eine Schüssel geben. Mehl und Backpulver mischen und in die Schüssel sieben. Salz, Butter, Zucker und nach Belieben Kräuter oder die Gewürzmischung hinzufügen, alles kräftig verrühren. Backofen auf 220° vorheizen.

3 | Den Teig gleichmäßig auf die Tontöpfe verteilen. Die Brote etwa 20 Min. (Mitte, Umluft 200°) backen, dann mit Alufolie abdecken und in weiteren 15 Min. fertig backen.

im Bild vorne: **Kastenbrot ohne Hefe** *im Bild hinten:* **Kräuterbrot im Tontopf** ➤

sehr fein

Dinkel-Käse-Stangen

FÜR 50 STÜCK

➤ **195 g Kartoffeln**
270 g Dinkelmehl | Salz
2 TL Weinstein-Backpulver
300 g geriebener Schafmilchgouda
1 EL Sonnenblumenöl
Dinkelmehl für die Arbeitsfläche

Zubereitung: 1 Std.
Backzeit: 15 Min.
➤ Pro Stück etwa: 41 kcal

1 | Die Kartoffeln waschen, schälen und knapp mit Wasser bedeckt 25 Min. kochen. Abgießen und zerstampfen.

2 | Mehl, 1 TL Salz und Backpulver in eine Schüssel sieben, 130 g Käse und die Kartoffelmasse hinzufügen. Mit 200 ml Wasser und dem Öl zu einem glatten Teig verkneten.

3 | Backofen auf 200° vorheizen. Teig auf bemehlter Arbeitsfläche 1/2 cm dick ausrollen. Den Teig in Streifen von etwa 10 x 3 cm schneiden. 30 g Käse abnehmen und beiseite stellen, den restlichen Käse auf den Streifen verteilen.

4 | Jeden Teigstreifen von der langen Seite her aufrollen, auf das Blech legen und mit restlichem Käse bestreuen. 15 Min. im Ofen (Mitte, Umluft 175°) backen.

➤ Variante: Für »Pausenbrote« 250 g Käse reiben und unter den Teig kneten. Daraus kleine Brote formen, diese mit Käse bestreuen und wie beschrieben backen.

würzig

Käseplätzchen

FÜR 55 STÜCK

➤ **75 g Dinkelmehl**
50 g geriebener Schafmilchgouda
25 g Pflanzenmargarine
1 1/2 ML Biobin
Dinkelmehl für die Arbeitsfläche
Sesam zum Bestreuen

Zubereitung: 40 Min.
Ruhezeit: 30 Min.
Backzeit: 10 Min.
➤ Pro Stück etwa: 13 kcal

1 | Ein Backblech mit Backpapier auslegen. Das Dinkelmehl und den Käse in einer Schüssel gut mischen. Margarine, Biobin und 3 TL Mineralwasser hinzugeben. Alles zu einem Teig verkneten, Teig zu einem Rechteck formen und zugedeckt 30 Min. im Kühlschrank ruhen lassen.

2 | Den Backofen auf 180° vorheizen. Die Arbeitsfläche dünn mit Mehl bestreuen und den Teig darauf 4–5 mm dick ausrollen. Beliebige kleine Formen (z. B. Rauten, Kreise, Quadrate) ausstechen und die Plätzchen auf das Blech setzen.

3 | Die Plätzchen mit Wasser bestreichen, mit Sesam bestreuen und in 5–10 Min. goldbraun (Mitte, Umluft 165°) backen.

➤ Variante: Anstelle des Schafmilchkäses Ziegenmilchkäse verwenden. Anstelle des Biobins 10 g Reismehl verwenden.

◄ *im Bild vorne:* **Käseplätzchen** *im Bild hinten:* **Dinkel-Käse-Stangen**

gelingt leicht

Spinatpizza ohne Hefe

FÜR 1 BLECH (4 PERSONEN)

- **Für den Pizzateig ohne Hefe:**
  - **200 g mehlig kochende Kartoffeln**
  - **270 g Dinkelmehl**
  - **2 TL Weinstein-Backpulver**
  - **Salz**
  - **1 EL Sonnenblumenöl**
- **Für den Belag:**
  - **600 g Blattspinat**
  - **schwarzer Pfeffer**
  - **Muskatnuss, frisch gerieben**
  - **1 kleine Zwiebel (bei Verträglichkeit)**
  - **200 g Schafmilchgouda in dünnen Scheiben**

Zubereitung: 40 Min.
Backzeit: 25 Min.
Pro Person etwa: 459 kcal

1 | Für den Teig Kartoffeln waschen, schälen und knapp mit Wasser bedeckt 25 Min. kochen. Abgießen und zerstampfen.

2 | Mehl, Salz und Backpulver in eine Schüssel sieben und die Kartoffelmasse hinzufügen. Mit 200 ml Wasser und dem Öl zu einem glatten Teig verkneten.

3 | Den Backofen auf 220° vorheizen. Für den Belag den Spinat waschen, verlesen, die groben Stiele entfernen, die Blätter in sprudelnd kochendem Wasser 2 Min. blanchieren, in einem Sieb gut abtropfen lassen. Mit Muskat sowie Salz würzen. Die Zwiebel schälen, fein hacken und untermischen.

4 | Ein Backblech mit Backpapier auslegen. Den Teig darauf gleichmäßig ausrollen, den Spinat darauf verteilen und mit dem Käse belegen. Die Pizza etwa 25 Min. (Mitte, Umluft 190°) backen.

Variante

Hackfleischpizza

FÜR 12 MINIPIZZEN

- **1 Grundrezept Pizzateig ohne Hefe (links)**
  - **2 EL Öl**
  - **250 g Rinderhackfleisch**
  - **2 Spritzer Maggi**
  - **1 EL fein gehackter Dill**
  - **Salz**
  - **300 g Blattspinat**
  - **200 g grob geraspelter Schafmilchgouda**

Zubereitung: 45 Min.
Backzeit: 25 Min.
Pro Stück etwa: 654 kcal

1 | Den Pizzateig wie links beschrieben zubereiten. Das Öl in einer Pfanne erhitzen, das Hackfleisch darin anbraten und mit Maggi, Dill sowie Salz kräftig würzen.

2 | Den Backofen auf 220° vorheizen. Den Spinat waschen, verlesen, die groben Stiele entfernen und die Blätter in sprudelnd kochendem Wasser 2 Min. blanchieren. In einem Sieb gut abtropfen lassen und mit Salz würzen.

3 | Ein Backblech mit Backpapier auslegen. Aus dem Teig 12 Minipizzen in Tortelettgröße (10 cm ø) formen und die Hackfleischmasse darauf verteilen. Mit Spinat bedecken und den Käse darüber streuen. Die Minipizzen 25 Min. (Mitte, Umluft 190°) im Ofen backen.

im Bild vorne: **Spinatpizza ohne Hefe** *im Bild hinten:* **Hackfleischpizza**

Backen für besondere Anlässe

Geburtstag, ein Osterbrunch oder Weihnachten sind schöne Gelegenheiten, Freunde zum Schlemmen einzuladen. Auch da gibt es keine Probleme, originelle und appetitanregende Backwerke ohne Milch und Ei zu kreieren. Die Einladung muss also keineswegs zur stressigen Aktion werden.

Blitzrezepte

Carob-Kugeln

FÜR 65 STÜCK

- 200 g Kokosfett
  2 EL Carobpulver
  150 g Kokosraspel
  100 g Haferflocken
  50 g Hafermehl
  70 g Rohzucker

1 | Das Kokosfett im Wasserbad auflösen. In eine Schüssel geben und mit Carob, 100 g Kokosraspel, Haferflocken, Hafermehl und Zucker gut verrühren. Die Masse anschließend 10 Min. ins Gefrierfach oder Gefriergerät stellen.

2 | Mit einem Teelöffel kleine mundgerechte Portionen abstechen und mit den Händen zu Kugeln formen. Die Kugeln in den restlichen Kokosflocken wälzen. Kühl servieren und kühl aufbewahren.

Kleine Igel

FÜR 40 STÜCK

- 150 g Pflanzenmargarine
  125 g Rohzucker
  30 g Reismehl
  3 EL Carobpulver
  250 g Dinkelmehl
  1 TL Weinstein-Backpulver
  Salz

1 | Alle Zutaten mit 1 Prise Salz und 4 EL Wasser zu einem glatten Teig verkneten. Den Teig zu einer Rolle (3 cm Durchmesser) formen und 2 Std. kalt stellen.

2 | Den Backofen auf 180° (auch Umluft) vorheizen. Aus dem Teig kleine Kugeln formen, mit einer Schere Stacheln einschneiden. Die »Igel« auf ein mit Backpapier ausgelegtes Backblech setzen und 12–15 Min. (Mitte) backen.

zum Verschenken

Osterhasen

FÜR 2 HASEN

- 500 g Dinkelmehl
  1 Pck. Trockenbackhefe
  Salz
  4 EL Rohzucker
  80 g Pflanzenmargarine
  Dinkelmehl für die Arbeitsfläche
  100g Aprikosenkonfitüre

Zubereitung: 25 Min.
Ruhezeit: 30 Min.
Backzeit: 20 Min.
- Pro Stück etwa: 677 kcal

1 | Das Mehl mit der Hefe in einer Schüssel mischen. Mit 300 ml lauwarmem Wasser, 2 TL Salz, Zucker und Margarine mischen. Auf einer bemehlten Arbeitsfläche gut durchkneten, zu einer Kugel formen und zugedeckt an einem warmen Ort 30 Min. gehen lassen. Den Teig nochmals gut kneten.

2 | Den Backofen auf 190° vorheizen. Den Teig in Stücke teilen: Pro Osterhase brauchen Sie Kopf, 2 Ohren, Nase, Rumpf, 2 Arme und 2 Füße. Ein Backblech mit Backpapier auslegen. Die Hasenteile formen und direkt auf dem Backblech zusammensetzen. Dafür die Teile an den Verbindungsstellen mit einem Messer einkerben und mit wenig Wasser bestreichen. Die Hasen etwa 15–20 Min. (Mitte, Umluft 175°) backen.

3 | Die Aprikosenkonfitüre durch ein Haarsieb streichen und erwärmen. Mit einem Pinsel auf die ausgekühlten Osterhasen streichen.

TIPPS

- Sehr schön sieht es aus, wenn die Hasen mit farbiger Puderzuckerglasur verziert werden: Puderzucker und Wasser oder Muttersaft zu einem glatten Guss verrühren, evtl. mit Lebensmittelfarbe einfärben.
- Das Gehen des Teigs wird unterstützt, wenn man ihm einen warmen Topf überstülpt.

1 Teig in Portionen teilen

Den Teig in Stücke teilen und Körperteile daraus formen

2 Klebestellen vorbereiten

Dort mit einem Messer einkerben und mit wenig Wasser bestreichen

3 Teigteile zusammenfügen

Hasenteile direkt auf dem Blech zusammensetzen

fruchtig

Christstollen

FÜR 1 STOLLEN
(20 SCHEIBEN)

- 100 g getrocknete Datteln
- 100 g weiche getrocknete Feigen
- 400 g Hafermehl
- 1 Pck. Backpulver
- 150 ml Ziegenmilch
- 250 g Pflanzenmargarine
- 100 g Rohzucker
- Salz | 1/2 TL Zimtpulver
- 1 Msp. Nelkenpulver
- 3 ML Biobin
- 100 g fein gehackte Pinienkerne
- 50 g Puderzucker

Zubereitung: 30 Min.
Backzeit: 75 Min.
Pro Scheibe etwa: 259 kcal

1 | Den Backofen auf 180° vorheizen. Die Datteln entsteinen, Datteln und Feigen klein schneiden und beiseite stellen. Das Mehl mit dem Backpulver in einer Schüssel mischen, Milch, 200 g Margarine, Zucker, 1 Prise Salz, Zimt, Nelkenpulver, Biobin, 75 ml Mineralwasser und die Pinienkerne hinzufügen. Mit den Knethaken des elektrischen Handrührgerätes verkneten. Den Teig auf ein Backbrett geben und die Trockenfrüchte mit den Händen unterkneten.

2 | Ein Backblech mit Backpapier auslegen. Eine Stollenbackform dünn mit Margarine ausfetten und den Teig hineingeben. Mit der offenen Seite auf das Backblech stürzen und den Stollen mit Form etwa 75 Min. (Mitte, Umluft 165°) backen. 20 Min. vor Ende der Backzeit die Stollenform entfernen und den Stollen fertig backen.

3 | Restliche Margarine erwärmen, den Stollen damit bestreichen. Nach dem Abkühlen mit Puderzucker bestreuen.

Den Stollen in Frischhaltefolie wickeln oder in einer Blechdose aufbewahren.

1 Zutaten mischen

Alle Zutaten, außer den Trockenfrüchten, mit dem Handrührgerät verkneten

2 Trockenfrüchte unterkneten

Trockenfrüchte vorsichtig mit den Händen unterkneten

3 Nach dem Backen

Den Stollen mit flüssiger Margarine bestreichen, dick mit Puderzucker bestäuben

Abkürzungen

EL	=	Esslöffel
g	=	Gramm
gem.	=	gemahlene(r)
kcal	=	Kilokalorien
Min.	=	Minuten
ml	=	Milliliter
ML	=	Messlöffel
Msp.	=	Messerspitze
Std.	=	Stunde
TL	=	Teelöffel
°	=	Grad Celsius

Die Autoren

Ilka Saager beschäftigt sich mit dem Backen ohne Milch und Ei, seit zwei ihrer Kinder auf Grund von Neurodermitis und Nahrungsmittelunverträglichkeiten auf viele Lebensmittel verzichten müssen. Die Rezepte der Konditorin sind mit viel Liebe entwickelt.

Der Fotograf

Der individuelle, atmosphärenreiche Stil von Michael Brauner wird überall geschätzt: in der Werbung ebenso wie in vielen bekannten Verlagen. In seinem Studio in Karlsruhe setzt er die Rezepte zahlreicher GU-Titel stimmungsvoll ins Bild.

Bildnachweis

FoodPhotography Eising, Martina Görlach: Titelfoto
Teubner Foodfoto: S. 5, 9 (außer Kokosmilch), 10, 11 (Rohzucker), Alle anderen: Michael Brauner

Hinweis

Die Temperaturstufen bei Gasherden variieren von Hersteller zu Hersteller. Welche Stufe Ihres Herdes der jeweils angegebenen Temperatur entspricht, entnehmen Sie bitte der Gebrauchsanweisung.

Redaktionsleitung: Birgit Rademacker
Redaktion: Anne Taeschner
Lektorat: Susanne Bodensteiner
Satz: Verlagssatz Lingner
Umschlaggestaltung, Layout, Typografie: independent medien-Design, München
Herstellung: Helmut Giersberg
Reproduktion: Repro Schmidt, Dornbirn
Druck und Bindung: Druckhaus Kaufmann, Lahr

ISBN 3-7742-4891-5

Auflage	5.	4.	3.	2.
Jahr	2006	05	04	03

Ein Unternehmen der
GANSKE VERLAGSGRUPPE

Das Original mit Garantie

Ihre Meinung ist uns wichtig. Deshalb möchten wir Ihre Kritik, gerne aber auch Ihr Lob erfahren. Um als führender Ratgeberverlag für Sie noch besser zu werden. Darum: Schreiben Sie uns! Wir freuen uns auf Ihre Post und wünschen Ihnen viel Spaß mit Ihrem GU-Ratgeber.

Unsere Garantie: Sollte ein GU-Ratgeber einmal einen Fehler enthalten, schicken Sie uns das Buch mit einem kleinen Hinweis und der Quittung innerhalb von sechs Monaten nach dem Kauf zurück. Wir tauschen Ihnen den GU-Ratgeber gegen einen anderen zum gleichen oder ähnlichen Thema um.

Ihr Gräfe und Unzer Verlag
Redaktion Kochen
Postfach 86 03 25
81630 München
Fax: 089/41981-113
e-mail: leserservice@graefe-und-unzer.de

VERTRÄGLICHKEIT BEACHTEN

- Grundsätzlich vor Zubereitung eines Rezepts prüfen, ob auch alle Zutaten vertragen werden. Im Laufe einer Diät kann sich die Verträglichkeit von allergenen Nahrungsmitteln verbessern. Dann können die Rezepte entsprechend abgewandelt werden, z. B. durch Verwendung frischer Früchte.

Geling-Garantie für Backen ohne Milch und Ei

MEHL

- Zum Backen industriell vermahlenes Mehl verwenden. Wird das Getreide mit Hilfe einer Getreidemühle frisch vermahlen, ist es meist zu grob, um ein gutes Backergebnis zu erzielen.

ZIEGENMILCH

- Das Aroma von frischer Ziegenmilch ist recht streng und intensiv, verliert sich allerdings durch das Backen. Bei Zubereitung von Pudding, Eis und Getränken mit Ziegenmilch bleibt es allerdings erhalten. Die ebenfalls fettreiche Schafmilch ist dann die bessere Alternative zur Kuhmilch.

AUF VORRAT BACKEN

- Pizzateig: Die Pizza wie im Rezept angegeben zubereiten und backen, allerdings bereits nach der Hälfte der Backzeit herausnehmen. Auskühlen lassen und einfrieren. Bei Bedarf fertig backen.